ENTRENANDO SOLDADOS PARA LA GUERRA ESPIRITUAL

Preámbulo a las fases en el proceso de Liberación

INTERMEDIO 3 UNIDAD 9

Copyright © 2018 Roger De Jesús Muñoz Caballero
Publicado por:
Cristo Libera
Ministerio de Liberación y sanidad
Seattle, WA 98115
USA
www.cristoLibera.org

ISBN-13: 978-1720857594
ISBN-10:1720857598
Primera impresión, 2018
Impreso en los Estados Unidos de América

ENTRENANDO SOLDADOS PARA LA GUERRA ESPIRITUAL

Preámbulo a las fases en el proceso de Liberación

INTERMEDIO 3 UNIDAD 9

ENTRENANDO SOLDADOS PARA LA GUERRA ESPIRITUAL

Preámbulo a las fases en el proceso de Liberación

INTERMEDIO 3 UNIDAD 9

ROGER D MUÑOZ

ENTRENANDO SOLDADOS PARA LA GUERRA ESPIRITUAL

Preámbulo a las fases en el proceso de Liberación

INTERMEDIO 3 UNIDAD 9

Roger D. Muñoz

CRISTO LIBERA

MINISTERIO DE LIBERACION Y SANIDAD

Seattle WA 98115

www.CristoLibera.org

ISBN-13: 978-1720857594

ISBN-10: 1720857598

Primera edición 2018

Reconocimiento a un Guerrero:

No sabía que el conocer a este hombre de Dios, Director General de Cristo Libera, serviría para cambiar la óptica que tenía de la liberación. Hoy junto al CRTJ agradezco a Dios por Roger Muñoz que con sencillez y humildad nos ha impartido su pasión por la liberación como punto de lanza del evangelismo.
Bendiciones y gracias Hno. Roger.

___ PASTOR JULIO ESCOBAR
CENTRO DE RESTAURACION TRIBU DE JUDÁ

Roger D Muñoz solía ser un hombre de negocios en el país de Colombia en América del Sur, pero desde el momento de su conversión a Jesucristo, le nació una pasión por liberar a los que están cautivos y bajo la opresión de espíritus malignos. Él es el fundador del ministerio "Cristo Libera". Muchos son los que se han beneficiado de su servicio de liberación en los Estados Unidos y en otras partes del mundo.

—REV. JORGE GUTIERREZ
IGLESIA CRISTIANA DE LAS AMERICAS
SEATTLE WASHINGTON USA.

Roger D Muñoz Es un siervo de Dios el cual me ha entrenado en liberación desde hace mucho tiempo y además tuve la bendición de viajar a USA para recibir más entrenamientos en liberación. Gracias a Jesucristo que, por medio de su Siervo, ahora estoy ministrando liberación y han sido libres muchos en este hermoso país de Japón.

___ PASTOR JAIME TERUYA
IGLESIA CRISTIANA RENACIER EN JAPON

TABLA DE CONTENIDO

AUTOR Y FUNDADOR DEL
MINISTERIO CRISTO LIBERA

Roger D Muñoz, Casado y padre de dos hermosos hijos, es el hombre que Dios escogió para fundar y dirigir a Cristo Libera, un ministerio de Liberación y Sanidad con su sede principal en Seattle, Washington, en los Estados Unidos. Además de servir localmente, sirve en todo los estados de USA y el resto del mundo donde Dios escoja, donde haya necesidad de servicios de liberación a través de la tecnología del internet, teléfonos, cámaras de internet, usando traductores y a veces viajando a donde Dios le envíe y desee. En este Ministerio se han realizado miles de liberaciones, la mayoría de ellas se encuentran en su página de internet www.cristoLibera.org y en el canal de YouTube.

Ha sido invitado en repetidas ocasiones como parte del Panel de Conferencia al aire en temas de Liberación y guerra espiritual en el Programa Radial Pastores Unidos por Cristo de la Alianza Evangélica Hispana del Noroeste.

Ha dictado muchos seminarios, conferencias, talleres y ha entrenado pastores y líderes a nivel internacional, los cuales están ya ministrando Liberación en sus congregaciones.

El Pastor Roger Muñoz, está dejando un legado a aquellos que quieren aprender más acerca del ministerio de liberación

ENTRENANDO SOLDADOS PARA LA GUERRA ESPIRITUAL

MAESTRO EN LA ENSEÑANZA
ESCUELA CRISTO LIBERA

Pastor José León González.

1990. Egresado del Seminario Bíblico de las Asambleas de Dios en Barquisimeto. Venezuela.

1990 – 1998. Fundador y director del Instituto Bíblico Mizpa. Valencia Venezuela.

1995 – 2003. Ministro asociado de la iglesia Misionera Vida Cristiana. Valencia Venezuela.

1990 – 2003. Conferencista internacional en Diez países.

Dic. 2003 – Dic. 2005. Pastor asociado de la primera iglesia Discípulos de Cristo. Vega Alta Puerto Rico.

Enero 2006 – Enero 2008. Pastor asociado de la First Missionary Church en Humboldt Park, Chicago Illinois.

Mayo a Noviembre 2008. Fundación de la iglesia Misionera hispana en Peoria Illinois.

2010 – 2017. Docente del programa de formación ministerial hispano del Bethel College en Mishawaka Indiana.

2010 hasta la fecha. Fundador y pastor principal de la iglesia Comunidad Cristiana Ciudad de Adoración.

2011 – 2014. Certificación en Consejería en Adicciones y Certificación en consejería familiar. New Hope School of Counseling.

2016 – Hasta la fecha. Orientación por medio de talleres para padres y representantes en las escuelas: Richard J Daley Academy, Orozco, Back of the Yard, Chávez, Cooper, Sefardí y John H Hamline en la zona Sur de Chicago IL.

ENTRENANDO SOLDADOS PARA LA GUERRA ESPIRITUAL

AGRADECIMIENTOS

Estoy muy agradecido con Jesucristo por haberme redimido y rescatado por medio de la preciosa Sangre que derramó en la Cruz del Calvario y por tenerme como instrumento útil para que Él se manifieste y me dé la sabiduría de "como" poder compartir el conocimiento con todo su pueblo.

Le doy gracias a Dios por haberme traído a mis pastores; Jorge y Felisa Gutiérrez, que desde el principio han sido mis guías espirituales aquí en la tierra, y también le doy gracias por haberme enseñado a ser Bibliocéntrico, Cristo céntrico.

También le doy las gracias a mi amada esposa Gladys por toda su paciencia, comprensión y apoyo al estar junto a mí en todo momento, e igualmente a mis dos amados hijos, Roger y Néstor Muñoz. A mi querida madre Isabel Caballero por estar siempre conmigo. Al Pastor José León González, a quien Dios añadió a este ministerio, por su tremenda colaboración en impartir estas enseñanzas. A todo el Equipo de Cristo Libera: Coordinadores de Cada Nación, Batallones de Pastores, Batallón de Intercesión, Equipo del Consejo, Equipo Directivo, Equipo de Proyección y a todos los estudiantes y Batallones de cada Nación, que de alguna u otra manera han colaborado en este Ministerio. A la hermana Norma A. Ojéndiz, por su esfuerzo al editar este libro.

Y le doy gracias a todos aquellos que de una u otra forma creyeron en Dios y se han integrado al Ministerio Cristo Libera del cual este libro es producto.

PROPOSITOS

Que cada cristiano, ministro, pastor o líder:

➤ Se prepare como soldado de Cristo en la guerra espiritual.
➤ Adquieran conocimientos de los principios del Reino de Dios para que puedan entender mejor el modo en que opera el reino de las tinieblas.
➤ Sepa cómo enfrentar ese reino espiritual maligno, sus artimañas, su efecto letal y destructivo.
➤ Sepa cómo utilizar la armadura con la que Dios nos ha dotado,
➤ Aprenda como destruir fortalezas, derribar argumentos y lograr realizar con efectividad, actos de liberación de manera efectiva y ordenada, utilizando estrategias y procedimientos adecuados.
➤ Conozca cuales son las *fases en el proceso de Liberación*

ENTRENANDO SOLDADOS PARA LA GUERRA ESPIRITUAL

PREFACIO

El contenido de este libro *"Entrenando Soldados para la Guerra Espiritual, "Preámbulo a las fases en el proceso de Liberación, Nivel Intermedio 3 Unidad 9"*, fue emitido por primera vez en el Programa de Enseñanza y Entrenamiento en liberación, dirigido por el Pastor Roger Muñoz, Director del ministerio de Liberación Cristo Libera Internacional y ha sido transmitido en directo y diferido, en una serie de clases impartidas por el Pastor José León González, con contenidos bíblicos, doctrinales y prácticos.

En él se transcribe textualmente el contenido de la clase 9, La presentación, el contenido temático sobre el Proceso de Liberación: Las Herramientas básicas para un Ministerio de Liberación efectivo, El Cuadro comparativo entre Liberación convencional y Liberación según el modelo Cristo Libera **en la cual se presenta** una serie de aspectos claves, elementales para hacer una Liberación afectiva, los Limites en el ejercicio del Ministerio de Liberación que tenemos que considerar y respetar hablando de las herramientas básicas y algunas oraciones de Guerra Espiritual.

Ha sido transcrito con términos o estructuras personalizadas, de acuerdo con el lenguaje coloquial utilizado por las personas dirigentes, con conocimiento y experiencia en el campo de la Liberación.

Se ha realizado, con la finalidad de poder brindar a cada estudiante, una herramienta más para adquirir o reforzar sus conocimientos y ejercer con efectividad, el ejercicio de Liberación o cualquier otro ministerio otorgado por Dios.

ENTRENANDO SOLDADOS PARA LA GUERRA ESPIRITUAL

INTERMEDIO 3 UNIDAD 9

PREÁMBULO A LAS FASES EN EL PROCESO DE LIBERACIÓN

PRESENTACION

Pastor, Roger Muñoz Director de este ministerio de Liberación Cristo Libera Internacional:

Mis hermanos felicidades a todos ustedes, vamos a entrar ahora al *Nivel Intermedio 3 en la Unidad 9*, con el título: *Preámbulo a las fases en el proceso de Liberación.*

¡Gloria a nuestro Señor y Redentor Jesucristo!! Nuestro Rey, el poderoso ¡Aleluya! tremenda información que van a recibir mis hermanos, sinceramente estoy contento por cada uno de ustedes, porque son guerreros que han pasado ya por nivel básico, intermedio 1, intermedio 2 y ahora en intermedio 3 y eso es de bendición porque están recibiendo más capacitación para ser productivos, para hacer más efectivas las liberaciones o los congresos, también pueden crear escuelas de liberación, lógicamente con el apoyo de nosotros. ¡Gloria a Dios por eso!

Bueno mis hermanos pues, vamos a entrar a la clase, les dejó con nuestro hermano y amigo el pastor José León González ¡Gloria a Dios! nos vemos ahorita Bye.

Lucas 4:18 Reina-Valera 1960 (RVR1960)

[18] *El Espíritu del Señor está sobre mí,*
Por cuanto me ha ungido para dar buenas nuevas a los pobres;
Me ha enviado a sanar a los quebrantados de corazón;
A pregonar libertad a los cautivos,
Y vista a los ciegos;
A poner en libertad a los oprimidos;

INICIO DE LA ENSEÑANZA

Pastor José de León González, Maestro encargado de la enseñanza en el Ministerio Cristo Libera Internacional:

Bendiciones hermanos, Guerreros del Ministerio Cristo Libera, reciban todos un cordial saludo y bendiciones en el amor del Señor, una vez más, es para mí un honor, un gozo y un privilegio, tener la oportunidad de compartir con ustedes, esta enseñanza correspondiente a la unidad número 9 dentro del Nivel Intermedio, vamos a considerar esta unidad denominada: *Preámbulo a las fases en el proceso de Liberación,* siendo de que ya vamos a entrar a considerar el acto de Liberación como tal, es importantísimo considerar estos aspectos a manera de preámbulo.

Contenidos

Como contenidos vamos a hablar de:

- **Herramientas Básicas para un Ministerio de Liberación Efectivo.** Esto nos ayuda a tener una conciencia plena de lo que debemos usar, de lo que debemos hacer y de lo que no debemos hacer a la hora del ejercicio de la liberación para procurar hacer un ejercicio de Liberación lo más efectivo posible.

- **Cuadro comparativo entre liberación convencional y liberación según el modelo Cristo Libera.** La liberación como convencionalmente se ha realizado y la liberación según el modelo Cristo Libera que nos ha venido a introducir; una serie de aspectos claves, elementales para hacer una liberación afectiva.

- **Limites en el ejercicio del Ministerio de Liberación.** El Ministerio de liberación también tiene unos límites, que nosotros tenemos que considerar y respetar. (hablando de las herramientas básicas).

HERRAMIENTAS BÁSICAS PARA UN MINISTERIO DE LIBERACIÓN EFECTIVO

Conversión genuina (Romanos 8:9-10)

Hablando de las herramientas básicas para un Ministerio de liberación efectivo, podemos considerar:

1. **La conversión genuina.** *Nadie puede pretender hacer liberación efectivo si no es una persona genuinamente convertida a Cristo, genuinamente nacida de nuevo.*

   En el libro de los ***Romanos capítulo 8 versículo 9-10***, habla de que si alguno no tiene el Espíritu Santo, pues simplemente no es de Cristo, y si alguno no es de Cristo, no tiene el Espíritu Santo y nadie que no tenga el Espíritu Santo, puede hablar con plena autoridad ante las entidades demoníacas y poder expulsarlas. Por eso, ese es el requisito elemental, esencial, primario.

   Más vosotros no vivís según la carne, sino según el Espíritu, si es que el Espíritu de Dios mora en vosotros. Y si alguno no tiene el Espíritu de Cristo, no es de él.

2. Solvencia ética y moral (Integridad y Rectitud)

Adicionales hay que considerar la necesidad de la solvencia ética y moral. Esto es tener la integridad y rectitud para poder <con autoridad moral>, reprender y echar fuera entidades demoníacas de personas que están oprimidas. Hay tres aspectos importantes dentro de estos.

I. Ser Limpios de pecado. Es el estar limpios, estar solvente del defecto del pecado.

II. Ser libres de opresiones (Sin influencias demoniacas) tiene que ver con estar sin opresiones y sin influencias demoníacas en la vida.

III. Ser sano de opresiones, traumas y complejos que tienen que ver en el aspecto emocional.

Estos aspectos son importantes dentro de la solvencia ética y moral.

Conocimiento doctrinal sólido sobre la obra redentora de Jesucristo (Colosenses 2:13-15)

2:13 Y a vosotros, estando muertos en pecados y en la incircuncisión de vuestra carne, os dio vida juntamente con él, perdonándoos todos los pecados,
2:14 anulando el acta de los decretos que había contra nosotros,

que nos era contraria, quitándola de en medio y clavándola en la cruz,
2:15 y despojando a los principados y a las potestades, los exhibió públicamente, triunfando sobre ellos en la cruz.

Agreguemos a esto, el conocimiento doctrinal sólido que debemos tener especialmente sobre la obra redentora en Cristo, para manejar los aspectos claves a la hora de la confrontación con las entidades demoníacas a las que hay que hacerle saber muy bien que:

I.   En el sacrificio de Cristo fueron cancelados los pecados de las personas, especialmente de las personas que se han convertido y han sido limpias con la sangre de Cristo, sus vidas están solventes porque Cristo pagó el precio de sus pecados.

II.   Y dentro del efecto de la obra redentora, está el que las fuerzas del mal, fueron despojadas de todo derecho, de toda autoridad que puedan reclamar, para estar en posesión de una persona.

Y es por ello es importantísimo que, como ministro de liberación, manejemos muy bien esto del conocimiento sobre la obra redentora en Cristo.

El poder de la Palabra de Dios. (Efesios 6:17)

6:17 Y tomad el yelmo de la salvación, y la espada del Espíritu, que es la Palabra de Dios;

Además el poder de la Palabra de Dios, saber que la Palabra de Dios es la autoridad máxima, el poder con el que vamos a confrontar, **efesios capítulo 6 versículo 17** dice dentro de la consideración de la armadura de Dios: que la **Espada del Espíritu es la Palabra de Dios**, así que no vamos a refutar, a confrontar al enemigo con argumentos propios, con argumentos humanos, con argumentos de ciencia, con argumentos filosóficos, ni con argumentos religiosos, nada de eso funciona ante las entidades espirituales demoníaca, es con el poder y la autoridad del poder de la Palabra de Dios.

El todo poderoso Nombre de Jesucristo (Filipenses 2:9-11)

2:9 Por lo cual Dios también le exaltó hasta lo sumo, y le dio un nombre que es sobre todo nombre, 2:10 para que en el nombre de Jesús se doble toda rodilla de los que están en los cielos, y en la tierra, y debajo de la tierra; 2:11 y toda lengua confiese que Jesucristo es el Señor, para gloria de Dios Padre.

Y dentro de esto está el todopoderoso nombre de Jesucristo, la Palabra de Dios nos acredita para usar el todo poderoso nombre de Jesucristo, ya que según *Filipenses capítulo 2 versículos del 9 al 11 habla de* cómo Jesucristo, le ha sido dado un nombre que es sobre todo nombre, sobre todo principado, sobre todo reino, sobre toda autoridad, no hay cosa creada que no se sujete al nombre todopoderoso de Jesucristo, por eso es una herramienta esencial el manejar el todopoderoso nombre de Cristo.

El poder y la autoridad que se nos ha delegado (Efesios 1:15-23)

1:15 Por esta causa también yo, habiendo oído de vuestra fe en el Señor Jesús, y de vuestro amor para con todos los santos,
1:16 no ceso de dar gracias por vosotros, haciendo memoria de vosotros en mis oraciones,
1:17 para que el Dios de nuestro Señor Jesucristo, el Padre de gloria, os dé espíritu de sabiduría y de revelación en el conocimiento de él,
1:18 alumbrando los ojos de vuestro entendimiento, para que sepáis cuál es la esperanza a que él os ha llamado, y cuáles las riquezas de la gloria de su herencia en los santos,
1:19 y cuál la supereminente grandeza de su poder para con nosotros los que creemos, según la operación del poder de su fuerza,
1:20 la cual operó en Cristo, resucitándole de los muertos y

sentándole a su diestra en los lugares celestiales,
1:21 sobre todo principado y autoridad y poder y señorío, y
sobre todo nombre que se nombra, no sólo en este siglo, sino
también en el venidero;
1:22 y sometió todas las cosas bajo sus pies, y lo dio por cabeza
sobre todas las cosas a la iglesia,
1:23 la cual es su cuerpo, la plenitud de Aquel que todo lo llena
en todo.

Como iglesia poseemos un poder que tenemos que saber manejar, dice en *Efesios capítulo 1 del 15 al 23* que <<teniendo Cristo todo el poder y toda la autoridad delegada>>, pues Él ha legado sobre la iglesia, ese poder y esa autoridad.

Tener conocimiento de los Principios sobre el Ministerio de Liberación.

Se requiere además tener conocimiento de principios sobre el Ministerio de Liberación, debemos saber y debemos recordar, que el Ministerio de Liberación es algo estructurado, no es algo que se hace al azar, que se hace de manera improvisada, es algo que se hace de manera estructurada y por eso hay que conocer y manejar los principios del Ministerio de Liberación, ya lo hemos tratado en clases anteriores.

El manejo de los dones Espirituales (1ra.Corintios 12:7-11)

⁷ Pero a cada uno le es dada la manifestación del Espíritu para provecho.

⁸ Porque a éste es dada por el Espíritu palabra de sabiduría; a otro, palabra de ciencia según el mismo Espíritu;

⁹ a otro, fe por el mismo Espíritu; y a otro, dones de sanidades por el mismo Espíritu.

¹⁰ A otro, el hacer milagros; a otro, profecía; a otro, discernimiento de espíritus; a otro, diversos géneros de lenguas; y a otro, interpretación de lenguas.

¹¹ Pero todas estas cosas las hace uno y el mismo Espíritu, repartiendo a cada uno en particular como él quiere.

¹² Porque así como el cuerpo es uno, y tiene muchos miembros, pero todos los miembros del cuerpo, siendo muchos, son un solo cuerpo, así también Cristo.

Agreguemos a esto el manejo de Dones Espirituales relacionados con el Ministerio de Liberación, dentro de esos Dones como nos dice en **Primera de Corintios capítulo 12 versículos del 7 al 11,** que *como hombres y mujeres de Dios que hemos sido llamados y comisionados para cumplir la gran comisión,* Dios nos ha dado un respaldo espiritual de unción, de poder y está caracterizado específicamente con Dones Espirituales.

Dones relacionados con el Ministerio de Liberación:

- **Discernimiento de espíritus**. Eso significa que la persona, puede tener la facultad espiritual de ver y de discernir los espíritus que están operando en las personas.

- **Palabra de Ciencia**: con la que se saca a la luz o sale a la luz cosas que están ocultas y que sólo Dios puede sacarlas a la luz.
- **Palabra de sabiduría:** que es el Don que otorga una palabra, una directriz específica de Dios sobre algo que hay que hacer, así que Dios no solamente declara algo que está oculto, sino que Dios da también la instrucción de lo que se debe de hacer.
- **Don de fe:** es el don con el que se operan Milagros prodigios y maravillas extraordinarias.

La combinación de estos Dones potencia de manera muy especial al ministro de liberación, lo coloca, lo catapulta en una posición de poder y de autoridad realmente sobrenatural. Todo esto lo encontramos en 1ª. **Corintios capítulo 12 versículo del 7 al 11.**

La necesidad de tener conocimientos sobre el o los principios del comportamiento humano

De último consideremos la necesidad de tener conocimientos sobre el o los principios del comportamiento humano.

El que uno como ministro de liberación pueda conocer ciertos principios acerca del comportamiento humano ayuda a que pueda tener un mayor discernimiento entre lo que puede ser una conducta humana y una conducta que está generada por una influencia espiritual maligna.

La combinación de estas herramientas, son las que colocan al ministro de liberación en una condición de realmente capacitado, hábil y efectivo para el ejercicio de la liberación.

MODELO DE LIBERACION CONVENCIONAL Vs MODELO CRISTO LIBERA

A continuación, consideremos lo que hemos llamado, una especie **de modelo de Liberación convencional** qué es lo que regularmente se ha realizado en muchísimos casos, versus **el modelo de liberación según el Ministerio Cristo Libera.**

Cuadro comparativo entre Liberación convencional y Liberación según el modelo Cristo Libera

SEGÚN EL MODELO DE LIBERACION CONVENCIONAL:	EL MODELO DE LIBERACION CRISTO LIBERA
Esta solo se hace en inconversos. **Se establece que un cristiano no puede tener opresión demoniaca**	Nos ha venido a enseñar que una persona cristiana si puede ser: afectada, oprimida o influenciada, por fuerzas malignas. (Ya lo vimos en la clase anterior y les mostramos las razones del ¿Por qué? esto puede ser así). Cristo Libera nos ha venido a enseñar esta parte que durante mucho tiempo estuvo ajena a muchos.

No se hace como parte inicial de la experiencia cristiana y como un elemento esencial para iniciar un discipulado efectivo.	Si nosotros queremos realmente un discipulado efectivo, una de las primeras cosas que tenemos que hacer en el momento de la conversión de la persona es asegurarnos de realizar una liberación completa para que la persona pueda iniciarse en los caminos del Señor, teniendo la oportunidad de ser educado, edificado, discipulado de manera mucho más libre, de manera mucho más efectiva.
En el modelo de liberación convencional, la liberación se hace por inercia, o por impulso, sin entrenamiento, simplemente en el momento en que aparezca la oportunidad de enfrentar la entidad demoníaca, hay que enfrentarla, pero sin tener un entrenamiento efectivo.	El modelo Cristo Libera nos ha venido a enseñar: que hay un entrenamiento, que hay una forma de capacitarse para poder ejercer este Ministerio de manera mucho más efectiva.
También en la liberación convencional, sólo se hace con órdenes repetitivas al demonio de salir y de irse, pero sin haber realizado un debido diagnóstico de la persona, ni de las entidades demoníacas, ni	Se nos enseña a hacer un diagnóstico a la persona y luego una confrontación y diagnostico con la entidad demoniaca determinando ¿Quiénes son? ¿Cuánto tiempo tienen? ¿Qué

con la debida confrontación a los demonios.	características tiene? Y una serie de preguntas que se realizan.
Se hace con mucha manifestación de violencia y resistencia por parte de los demonios y muy poco control por parte de la persona que ejerce la liberación, precisamente porque no tiene herramientas, no tiene el conocimiento y escapan muchas cosas y está batallando con algo, con lo que muchas veces está enfrentándose hasta con temor y con miedo. Precisamente por no tener las herramientas, por no tener el control.	El modelo Cristo Libera nos enseña, cómo podemos ser más efectivos, tener un mayor porcentaje de efectividad a la hora de realizar la liberación precisamente porque manejamos las herramientas adecuadas.
La liberación convencional se realiza con muchos intentos fallidos, más que con casos logrados con efectividad.	
La liberación convencional se hace basada en la unción del que libera, no se toma en cuenta regularmente el manejo de conocimiento sobre el principio de la Palabra de Dios, sobre el manejo del proceso adecuado para realizar la liberación con efectividad	Cristo Libera nos ha enseñado de que además de tener el poder, se necesita tener el conocimiento doctrinal, el conocimiento de los principios, de las herramientas y llevar el asunto en un proceso gradual, progresivo, sin desesperación,

La liberación convencional, efectuada con mucho miedo y temor por parte de los que intentan liberar. Porque desconocen el poder de la obra redentora en Cristo, desconocen el poder de la Palabra de Dios, desconocen el todopoderoso nombre de Jesucristo y su autoridad y el poder y la autoridad que se nos ha delegado como iglesia.

Al desconocer todo esto, es evidente, o es natural que la persona vaya con mucho miedo y mucho temor al confrontar la entidad demoniaca porque no van a tener esa seguridad que nos dan estos elementos.

sin angustia, sin temor, sin miedo, teniendo el mayor control sobre la situación, asumiendo el control sobre la persona que está oprimida o influenciada por los demonios y esta persona es la que da las ordenes, llevando el proceso de manera muy ordenada y controlada.

Es la diferencia del modelo Cristo Libera Vs el modelo de liberación convencional.

También esta liberación convencional, es efectuada solo a partir de la violenta y agresiva manifestación del demonio y no se realiza estando la persona en estado pasivo, a través de un escaneo sistemático, a través de una confrontación donde se obliga al demonio a exponerse y manifestarse. Al demonio, <<lógico>> le conviene a permanecer oculto y camuflajeado, por eso hemos tratado de echar fuera

Cristo Libera, nos ha enseñado que se puede hacer una liberación, aun estando la persona en un estado pasivo, sin que haya de momento una manifestación agresiva, que sea la que nos dé evidencia de que haya una influencia o presencia demoniaca en la persona.

Cristo Libera nos ha venido a estructurar la manera de liberación para que lo hagamos de manera efectiva.

demonios solo en personas poseídas, mas no en personas influenciadas.

De último, <<yo digo>> que la liberación convencional ha sido una liberación "ataja pollos" sería el nombre que le he asignado, por desconocer las puertas utilizadas por el enemigo para entrar y oprimir a la persona, no logra identificar correctamente el género, o sea ¿qué demonios son los que están ahí? el rango, el tiempo que tienen en la persona y por esto es que se dan órdenes imprecisas, donde se logra ciertamente expulsar algunos demonios, pero al no conocer el asunto, ni de las puertas, ni los que entraron, ni de los rangos, ni de quién comanda ahí en esa situación, por parte de los demonios en esa vida, pues algunos demonios se esconden y se camuflajean y hasta tratan de confundir al que está ejerciendo la liberación.

Cristo Libera nos ha enseñado a empaquetar el demonio y meterlos en una sola caja, bajo el mando del demonio de más alto rango.

Cristo Libera nos enseña que se confronta y se obliga a que se manifieste el demonio de más alto rango, se le hace el interrogatorio, se le hace todo el comando y se le ordena en el nombre de Jesús a que él saque al resto de los demonios; a eso yo le llamo: "Saber meter los pollos al corral"

Este punto de cómo se confronta a esa entidad demoníaca, es lo que vamos a tratar en las próximas clases, pero por ahora es un cuadro comparativo de lo que es la liberación convencional a diferencia del modelo de liberación Cristo Libera.

Podemos ver con esto, como el modelo Cristo Libera nos enseña una estructura para ejercer el Ministerio de Liberación con mayor efectividad, así que hasta aquí el punto de la comparación del modelo convencional modelo Cristo Libera.

LIMITES EN EL EJERCICIO DEL MINISTERIO DE LIBERACIÓN

A continuación, hablemos de los límites en el ejercicio de liberación, esto es hablar de conocer y respetar límites en el ejercicio de la liberación, lo cual es de suma importancia, entendiendo de que se trata de una función de alta complejidad, dificultad y de alto riesgo.

Estamos trabajando con una situación de carácter espiritual maligna, que implica una batalla en el campo espiritual, con entidades demoníacas que no sólo se van a resistir, sino que van a tratar de contraatacar a quién está tratando de liberar, esto demanda tomar medidas de seguridad posible, yo lo comparo como quién trabaja en alto voltaje, en electricidad.

En electricidad, cuando trabaja en alto voltaje, usted no puede cometer errores, los errores en alto voltaje se pagan con la vida, entonces, hablamos del Ministerio de Liberación, como un acto de confrontación con entidades espirituales malignas, demonios que han venido a hurtar, matar y destruir, que tienen personas oprimidas, esto es más riesgoso y más peligroso que trabajar en alto voltaje, por lo tanto, se necesita tomar las medidas de seguridad y conocer muy bien, cuáles son los límites en el ejercicio de liberación.

La responsabilidad en el ejercicio de la Liberación

Hemos sido dotados con autoridad y poder por parte de Cristo para ir a efectuar liberación. Pero eso implica también una gran responsabilidad en el uso de su autoridad y en el uso de ese poder que nos ha sido dado; así que no se trata de ir alegremente realizar liberación a quien nosotros queramos, o en cualquier lugar y sin tener cuidado de ningún tipo, sin tener prudencia y sin tomar en cuenta ciertos aspectos que nosotros debemos considerar como límites.

Vamos a poner una ilustración práctica: Un funcionario y oficial de la ley tiene una autoridad y poder para ejercer la ley, pero vemos cómo esa autoridad y ese poder tienen límites:
Deben de ser ejercidos con funciones específicas: un funcionario de la ley no hace lo que él quiere, tiene una demarcación de funciones específicas que debe de cumplir.
<Adicional> él debe cumplir eso dentro de una jurisdicción, dentro de un territorio, dentro de un ámbito específico y sobre todo dentro del ámbito de lo legal y la justicia, porque si no lo hace, y aunque tenga el poder y la autoridad, está incurriendo y está cayendo en un terreno de injusticia o de mal uso y abuso de autoridad y de poder que le ha sido dada; esto es sumamente importante considerarlo, porque a nosotros, <no estamos hablando del que se nos está dando la autoridad y el poder para ser un policía> ¡No¡ se nos está dando una autoridad y un poder igual, para confrontar entidades espirituales y como ministros de liberación, debemos conocer hasta dónde llega nuestra autoridad para liberar.

Áreas y límites que debemos considerar

Los límites que debemos considerar en el ejercicio del Ministerio de la Liberación están relacionados con:

- Lugares y territorios.
- Derechos legales en ciertos casos.
- Expresiones o declaraciones que podemos decir o que no podemos decir sobre las entidades demoniacas.

A esto se refiere en el tópico o el tema de los límites en el ejercicio de la liberación, y los vamos a considerar.

Lugares y territorios

Es necesario hacer liberación en donde el Señor nos envía, hay situaciones y lugares donde el Señor no nos da permiso para ir. (La liberación no es algo que uno puede hacer a criterio propio del que libera). Si en alguna área es necesario depender de la dirección del Espíritu Santo es en esta. Hay lugares que tienen derechos territoriales.

No se debe pretender expulsar demonios de lugares donde tienen dominio, a menos que tengamos instrucción específica del Señor, Algunos quieren expulsar demonios de la ciudad y no han podido expulsar ni los de su propia casa.

Es importante conocer esto para uno no meterse en terrenos o territorios, donde lo que está haciendo es poner su vida en riesgo.

Conozco del caso de personas donde fueron a pretender echar fuera demonios de lugares.

En mi País Venezuela en un lugar conocido como la montaña de Sorte, es una montaña, un territorio de montañas dedicado exclusivamente a la brujería y la hechicería por muchísimos años, y personas que han ido supuestamente a expulsar los demonios de la montaña de Sorte, han regresado más bien influenciados, oprimidos, hasta afectados profundamente espiritualmente y aun físicamente, porque se fueron a hacer algo que Dios no los mandó, se fueron a meter en un territorio en el que no tenían la autorización para meterse en ese territorio, son áreas donde se requieren tener una instrucción específica del Señor, para poder ejercer con efectividad, así que hay que tener mucho cuidado en esto de los territorios o los lugares.

Lugares que corresponden a una autoridad humana

Hay lugares que corresponden a una autoridad humana, es importante también respetar la autoridad humana.

No podemos a ir a expulsar demonios a casa de los vecinos, a menos que tengamos la autorización de los dueños de la casa. Si usted va a echar fuera demonios a casa del vecino, es posible que si no tiene la autorización, el vecino lo expulse y en vez de usted expulsar, salga expulsado.

O lugares que además de ser propiedad ajena, son centros de maldad, centro de espiritismo, prostíbulos, bares o cantinas, discotecas u otros centros de perversión, son lugares que están bajo una autoridad, recordemos que hemos hablado de que el ejercicio de liberación se hace considerando el principio de los derechos y el principio de la autoridad, entonces a menos que se tenga esa autorización, en este caso de la parte humana de los dueños de casa, es que se puede ir, se puede hacer; en centros de espiritismo, en prostíbulos con la directriz de Dios lo puede hacer.

Por esta razón, es recomendable que a la hora de hacer el acto de liberación, se haga en los lugares en que libera o la persona o el ministro de liberación tenga el mayor control, no hacer la liberación en lugares donde sea el demonio que tenga el control, porque ahí tiene su cuartel o su centro de operación o él domine en el ambiente.

El principio que enseñamos aquí es: que no pelees la batalla en el terreno del enemigo, trata de mover al enemigo a tu territorio a tu terreno para que puedas operar con mayor control y mayor efectividad. Así que este es la recomendación en cuanto respetar límites, en cuanto lugares y territorios.

Lo del lugar es delicado hasta por derechos de Ley

También en lo del lugar es delicado, hasta por razones de ley.
Si no se tiene la autorización, la persona puede armar un escándalo, llamar a la policía, acusarlo de intromisión o de no tener permiso para estar en su casa, peor aún si se trata de una persona del sexo opuesto, por ejemplo: que sea un varón el que va hacer liberación y en esa casa la dueña es una mujer y arma un escándalo, llama la policía, inclusive hasta puede acusar de acoso o de violencia, sobre todo acá en los Estados Unidos, es un asunto que es muy delicado por asuntos de ley.

Por ello es importante considerar los límites en cuando territorios o en cuanto lugares.

Derechos legales en ciertos casos

También es necesario considerar los derechos legales en ciertos casos. Entendiendo que satanás se maneja sobre el reclamo de derechos.

Es necesario dominar bien el principio de los derechos quitados por la obra redentora en el calvario, donde los pecados de los hombres fueron pagados y el reino del mal fue derrotado y despojado.

Así que manejamos primariamente el principio de que los derechos han sido quitados por la obra redentora en Jesucristo.

Sin embargo, hay que entender que hay casos, donde el demonio puede tener permiso para estar en la persona.

El caso más simple es en que las personas han abierto puertas al enemigo, (aún como cristiano, ya lo mencionamos en clase anterior). Personas que han abierto puertas al enemigo con sus pecados, no se han arrepentido y el enemigo reclama sus derechos de estar ahí. Así que a la hora de ir a expulsar, primero, antes que nada hay que resolver este asunto, ¿Por qué? porque eso se estaría colocando y poniendo como una limitación muy fuerte a la hora de intentar hacer la liberación.

En la Biblia hay casos de operaciones demoniacas con autorización del Señor en la vida de personas producto del pecado y obstinación de esas personas.

Los ejemplos que tenemos son:

En el libro de *1ra Samuel 16:14*.
El Espíritu de Jehová se apartó de Saúl, y le atormentaba un espíritu malo de parte de Jehová.

Se nos habla cómo un espíritu malo atormentaba al rey Saúl. Y ese espíritu malo tenía autorización de parte del Señor para atormentar la vida de Saúl. Es por ello que esta persona, el rey Saúl recibía alivio apenas David tocaba el arpa, recibía un alivio del tormento que le ejercía el demonio.

También está el caso en *1ra Reyes 22:19-23*
22:19 Entonces él dijo: Oye, pues, palabra de Jehová: Yo vi a Jehová sentado en su trono, y todo el ejército de los cielos estaba junto a él, a su derecha y a su izquierda.
22:20 Y Jehová dijo: ¿Quién inducirá a Acab, para que suba y caiga en Ramot de Galaad? Y uno decía de una manera, y otro decía de otra.
22:21 Y salió un espíritu y se puso delante de Jehová, y dijo: Yo le induciré. Y Jehová le dijo: ¿De qué manera?
22:22 El dijo: Yo saldré, y seré espíritu de mentira en boca de todos sus profetas. Y él dijo: Le inducirás, y aun lo conseguirás; vé, pues, y hazlo así.
22:23 Y ahora, he aquí Jehová ha puesto espíritu de mentira en la boca de todos tus profetas, y Jehová ha decretado el mal acerca de ti.

El espíritu de mentira en los profetas de Acab, fue actuar con plena autorización del Señor, y no me imagino a un ministro de liberación intentando reprender y echar fuera el demonio, tanto de Saúl como el de los profetas, porque estos espíritus tenían autorización, un derecho para estar ahí.

Mencionamos la locura de Nabucodonosor, aunque la Biblia no dice específicamente que Nabucodonosor estuviera atormentado por un demonio, es algo que podemos decirlo tal vez por inferencia, tomando en cuenta de que cayó en un estado de locura, de demencia y de estos casos el enemigo se aprovecha, para influenciar, para oprimir, podemos decir que la vida de Nabucodonosor pudo haber sido afectada por una influencia demoníaca. *(Daniel 4)*

Son casos que representan un límite en lo que uno tiene que considerar tanto el aspecto territorial, como el aspecto de derecho que los demonios puedan reclamar, en los cuales puedan ciertamente tener el derecho.

Hay otro caso, en cuánto a los derechos de la permanencia de las personas, en segunda de *Tesalonicenses capítulo 2 versículo 10 al 11* dice de parte de Dios:

y a los que persisten en la mentira y el engaño, Él dice que con todo engaño de iniquidad para los que se pierden, por cuanto no recibieron el amor de la verdad, para ser salvos,

Por eso Dios les envía un poder engañoso, para que crean a la mentira, son personas que se han arraigado en el engaño y la mentira, han rechazado la verdad, y de parte de Dios mismo, el espíritu de engaño y error tienen autorización para oprimir esas vidas.

Estos son aspectos que representan límites, a la hora de ejercer ejercicio de liberación.

Expresiones o declaraciones sobre las entidades demoniacas

Este punto tiene que ver con el uso de palabras, expresiones o declaraciones adecuadas a la hora de la confrontación con las entidades demoniacas.

La liberación no es algo que se hace a capricho y uno dice lo que uno quiera, el reino de las tinieblas responde al principio de la autoridad, por eso la autoridad debe de ser bien ejercida, ya que el mal uso de la Palabra, expresiones o declaraciones inadecuadas, pueden ser un obstáculo en la liberación a la hora de una confrontación con entidades demoníacas; no se debe de usar palabras o declaraciones que no estén conformes o conforme a la Palabra de Dios, debido a que es *la Palabra de Dios, la base de nuestra autoridad.*

El enemigo, no responde a otro criterio, no responde al criterio humano, no responde el criterio filosófico, no responde a expresiones inventadas de nosotros o que nosotros vayamos con autoridad, el enemigo buscará la manera de cómo desvirtuar la Palabra, si vemos como satanás trató de desvirtuar al momento de ser confrontado con Cristo, como buscó, con la misma Palabra de Dios desvirtuar, imagínese si el que está liberando no usa adecuadamente o debidamente la Palabra de Dios y se pone usar otros términos u otras cosas, <<si no la usamos o si la usamos

indebidamente>> nosotros mismos nos podemos estar entorpeciendo.

Palabras, expresiones o declaraciones que no deben usarse en una liberación.

Las palabras o expresiones que no deben usarse en una liberación, son por ejemplo:
Las palabras ofensivas o vulgaridades en contra del demonio.

Si está confrontando un demonio, no puedes, no debes, usar palabras ofensivas o vulgaridades, Cristo no lo hizo, los apóstoles no lo hicieron, la Biblia nos exhorta que no hagamos eso, recordemos lo que la Biblia nos enseña, en cuanto a la forma como el Arcángel Miguel, se dirige a satanás a la hora de la confrontación según Judas 8 y 9, que a la hora que el Arcángel Miguel disputa con satanás por el cuerpo de Moisés, a la hora de confrontarlo y a la hora de vencerlo, el Arcángel Miguel, siendo un arcángel, lo que dijo es: <<**El Señor te reprenda satanás**>>; utilizó una autoridad superior para reprender, para confrontar; lo confronto con la autoridad, no lo confrontó con su criterio personal, siendo un arcángel, cuanto más nosotros como personas tenemos que considerar este principio.

Es necesario que la persona que libera sepa mantener su posición de autoridad y de ética, porque el Ministerio de Liberación requiere el ejercicio de una ética, una ética espiritual, una ética donde manejas con sabiduría y con autoridad la Palabra y las herramientas que Dios nos ha dado.

Reprender en nombres que no son los que representan la autoridad espiritual

Reprender en nombres que no son los que representan la autoridad espiritual es otro error que se puede cometer, *el único nombre que tiene toda la autoridad, es el nombre de Jesucristo*, por lo tanto no se debe reprender en el nombre de la iglesia, porque no es la iglesia un nombre dado en el cual los demonios se dobleguen, esto es una de las causas por las cuales, en muchos casos, muchas personas han sido inefectivos, porque no han sabido usar el todo poderoso nombre de Cristo, reprenden en el nombre de la iglesia, usan el nombre de Dios o reprenden en nombre de Dios, el demonio va a responder en el nombre de Jesucristo que es el nombre que es sobre todo nombre.

Tampoco use el nombre del pastor, no diga: <<te reprendo en nombre de mi pastor>>, porque no funciona, "Pastor" no es ningún nombre, no tiene la autoridad para que el demonio obedezca.

Tampoco usar formas o eslogan inventados, ejemplos:
<<Te piso con las sandalias de Cristo>>
>>Te ato con alambres espirituales>>
<<Te envío al planeta Júpiter y no regreses de ahí>>
<<Te pongo orbitar alrededor de la luna>>
¡No! son inventos humanos, son eslogan que no tienen ningún tipo de efectividad contra las entidades demoníacas o las entidades malignas espirituales.

Así que estos son aspectos que es de suma y capital importancia a considerar en el ejercicio de liberación, con relación a lo de los límites, en el ejercicio de la liberación.

¿Queremos ser efectivos en el ejercicio de liberación?

Manejemos muy bien esto de los límites, manejémonos dentro de los términos que Dios y su Palabra nos establecen y ejerzámoslo con la debida autoridad y poder.

ASIGNACIONES Y EVALUACION

Hasta aquí llegamos con los aspectos considerados en esta unidad número 9, como siempre, a manera de asignación y valuación, usted lea, analice y medite los textos bíblicos aquí presentados, elabore un resumen de lo expuesto y preséntelo en forma escrita, o en forma de audio, en forma de video y envíelo a su coordinador ministerial, por lo demás, Dios los bendiga, la paz de Cristo sea con todos ustedes, vamos adelante, son sumamente importantes estos aspectos a manera de preámbulo en el ejercicio de liberación. Dios me los bendiga.

Roger Muñoz: ¡Gloria a nuestro Señor redentor Jesucristo!! ¡Tremenda enseñanza!! es Dios haciéndolo a través de este ministerio, dándonos enseñanza, conocimiento que nos va a libertar.

Esto es apenas es el comienzo, ya van con el nivel intermedio tres, ¡Vamos para adelante! cada vez adquirimos más conocimiento y nos da más efectividad para hacer liberación.

Romanos 15:18-19

"Porque no osaría hablar sino de lo que Cristo ha hecho por medio de mí para la obediencia de los gentiles, con la palabra y con las obras ¹⁹ con potencia de señales y prodigios, en el poder del Espíritu de Dios

ORACIONES DE GUERRA ESPIRITUAL

PARA SER LIBRE DE BRUJERÍAS, HECHICERÍAS.

En el nombre poderoso de Jesús cancelo, destruyo y anulo todas las oraciones demoniacas, conjuros, rezos y maldiciones realizadas a mis comidas, bebidas, con objetos familiares como pelo y ropa, a través de mi nombre, con muñecos y fotografías. Le saco todas las agujas y alfileres, los desentierro y les quito todos los amarres, círculos, triángulos, tierra de cementerio, todo lo destruyo, ¡Se acabó! todo se rompió, se anuló la brujería, así que demonios de brujerías ¡FUERA, FUERA, FUERA! Su trabajo, su función, se acabó y no tienen ningún derecho legal, ¡FUERA EN EL NOMBRE DE JESUS!

DE SANIDAD

Diablo, Tu eres un engañador, un mentiroso, Tu sabes que yo soy una NUEVA CRIATURA, PROPIEDAD REDIMIDA, Porque Jesucristo es mi Redentor. Yo no habito en tu territorio y por lo tanto; tú no tienes ningún derecho legal para invadir mi propiedad, mi territorio, ya no te pertenezco ni estoy bajo tu jurisdicción. HE SIDO REDIMIDO de tu autoridad por Jesucristo. Esta enfermedad que has puesto sobre mí (Hijo, mamá....etc.) Fue ya destruida en la Cruz del Calvario y tú sabes que yo no tengo que sufrirla. Yo te ordeno a que en el Nombre de Jesús dejes mi CUERPO LIBRE. Yo soy libre de enfermedad porque está escrito: "Por Sus heridas fuimos nosotros curados ", y por lo tanto yo estoy sano. Tú eres un MENTIROSO. Tus dolencias son mentiras. Tú eres el padre de la mentira. Yo estoy sano. He sido Liberado de tu poder. ¡Así que! ¡FUERA, FUERA, FUERA EN EL NOMBRE PODEROSO DE JESÚS, EN EL NOMBRE DE JESÚS FUERA, FUERA, FUERA! ¡Estoy sano!

Nota ¡Ahora parece de esa cama! ,! ¡No se quede acostado y actúe!, haga las cosas diarias o cotidianas normalmente.

En todos los sistemas.

¡En el nombre de Jesús echo fuera todos los demonios con sus reinos y enfermedades que estén en el Sistema Digestivo, en el Sistema Respiratorio, en el Sistema Nervioso Central, en el Sistema Circulatorio, en el Sistema Endocrino Límbico, en el Sistema Reproductor Femenino, en el Sistema Reproductor Masculino, en el Sistema Gastrointestinal, en el Sistema Genitourinario, en el Sistema Cardiovascular, en el Sistema Inmunológico, en el Sistema Muscular y en la Prolapso de la Válvula Mistral, FUERA , FUERA, FUERA EN EL NOMBRE DE JESUS, NO TIENEN DERECHO LEGAL. FUERA DEMONIOS DE MIS SISTEMAS. FUERA, LA SANGRE DE JESUS ES PODEROSA. FUERA MUERTE, CANSANCIO, ENFERMEDAD, DEBILIDAD, LUPUS, SIDA, EBOLA, LEUCEMIA Y TODAS LA ENFERMEDADES FUERA. JESUCRISTO NOS LIMPIO, NOS SANO CON SU SANGRE. ESTOY LIBRE Y SANO, GRACIAS JESUS, TE AMO JESUS, ME PERDONASTE, SANASTE Y ME HAZ DADO SALVACION, GRACIAS JESUS, GRACIAS JESUS! ¡AMEN!

Para ser libre de Brujerías, hechicerías.

En el nombre poderoso de Jesús cancelo, destruyo y anulo todas las oraciones demoniacas, conjuros, rezos y maldiciones realizadas a mis comidas, bebidas, con objetos familiares como pelo y ropa, a través de mi nombre, con muñecos y fotografías. Le saco todas las agujas y alfileres, los desentierro y les quito todos los amarres, círculos, triángulos, tierra de cementerio, todo lo destruyo, ¡Se acabó! todo se rompió, se anuló la brujería, así que demonios de brujerías ¡FUERA, FUERA, FUERA! Su trabajo, su función, se acabó y no tienen ningún derecho legal, ¡FUERA EN EL NOMBRE DE JESUS!

RECOMENDACION FINAL

Regístrese en nuestra Escuela De Liberación Cristo Libera

Ponga en práctica todas estas Armas de Guerra Espiritual

Evangelice con nuestras series de libros Libérate

Adquiera toda la serie de libros "Libérate" y "Entrenando Soldados para la Guerra Espiritual"

Vuelva a estudiar este libro

Y Recomiende nuestras Series.

INGRESE A NUESTRA PÁGINA

www.cristolibera.org encontrará más información, ayuda en liberación, cursos y libros que le ayudarán a adquirir más conocimientos en Guerra Espiritual.

EN NUESTRO CANAL DE YOUTUBE

https://www.youtube.com/user/gladysynestor encontrará más videos de liberaciones, enseñanzas, oraciones y conferencias.

SINTONICENOS EN NUESTRO CANAL DE TV CLI Y RADIO

https://cristolibera.org/tv-online/
https://cristolibera.org/radio/

Roger D Muñoz
WWW.CRISTOLIBERA.ORG
CRISTO LIBERA
MINISTERIO DE LIBERACION Y SANIDAD
SEATTLE, WASHINGTON
ESTADOS UNIDOS

Estos libros están disponibles en varios idiomas. Pedidos:
www.cristoLibera.org
www.Amazon.com
www.bookdepository.com
1(425)269-2755
USA

Serie de libros "Libérate"

Serie de libros "Entrenando Soldados Para la Guerra Espiritual"

"Nivel Básico"   **"Nivel Intermedio"**

"Nivel Avanzado"

SERIE: ARMAS PODEROSAS DE GUERRA ESPIRITUAL

Made in the USA
Middletown, DE
28 September 2023

39175705R00033